中西会通
——徐光启

◎ 主编 金开诚

◎ 编著 张 燕

吉林出版集团有限责任公司

吉林文史出版社

图书在版编目（CIP）数据

中西会通——徐光启/张燕编著.一长春：吉林
出版集团有限责任公司：吉林文史出版社，2010.11（2022.1重印）
ISBN 978-7-5463-3975-7

Ⅰ.①中… Ⅱ.①张… Ⅲ.①徐光启（1562~1633）
–传记–通俗读物 Ⅳ.① K826.1-49

中国版本图书馆 CIP 数据核字（2010）第 205559 号

中西会通——徐光启

ZHONGXI HUITONG XUGUANGQI

主编/金开诚 编著/张 燕

项目负责/崔博华 责任编辑/崔博华 钟 杉

责任校对/钟 杉 装帧设计/李岩冰 刘冬梅

出版发行/吉林文史出版社 吉林出版集团有限责任公司

地址/长春市人民大街4646号 邮编/130021

电话/0431-86037503 传真/0431-86037589

印刷/三河市金兆印刷装订有限公司

版次/2010 年 11 月第 1 版 2022 年 1 月第 6 次印刷

开本/640mm×920mm 1/16

印张/9 字数/30千

书号/ISBN 978-7-5463-3975-7

定价/34.80元

前　言

　　文化是一种社会现象，是人类物质文明和精神文明有机融合的产物；同时又是一种历史现象，是社会的历史沉积。当今世界，随着经济全球化进程的加快，人们也越来越重视本民族的文化。我们只有加强对本民族文化的继承和创新，才能更好地弘扬民族精神，增强民族凝聚力。历史经验告诉我们，任何一个民族要想屹立于世界民族之林，必须具有自尊、自信、自强的民族意识。文化是维系一个民族生存和发展的强大动力。一个民族的存在依赖文化，文化的解体就是一个民族的消亡。

　　随着我国综合国力的日益强大，广大民众对重塑民族自尊心和自豪感的愿望日益迫切。作为民族大家庭中的一员，将源远流长、博大精深的中国文化继承并传播给广大群众，特别是青年一代，是我们出版人义不容辞的责任。

　　本套丛书是由吉林文史出版社和吉林出版集团有限责任公司组织国内知名专家学者编写的一套旨在传播中华五千年优秀传统文化，提高全民文化修养的大型知识读本。该书在深入挖掘和整理中华优秀传统文化成果的同时，结合社会发展，注入了时代精神。书中优美生动的文字、简明通俗的语言、图文并茂的形式，把中国文化中的物态文化、制度文化、行为文化、精神文化等知识要点全面展示给读者。点点滴滴的文化知识仿佛颗颗繁星，组成了灿烂辉煌的中国文化的天穹。

　　希望本书能为弘扬中华五千年优秀传统文化、增强各民族团结、构建社会主义和谐社会尽一份绵薄之力，也坚信我们的中华民族一定能够早日实现伟大复兴！

目录

一、读书求学，开阔眼界   001

二、融会贯通，译出名著   019

三、勇于实践，"京官"务农   039

四、格物致知，巨著诞生   057

五、词臣从戎，沙场点兵   087

六、古稀老人，督修历法   099

七、一代宗师，风范长存   117

一、读书求学，开阔眼界

人们常常用"博览古今，学贯中西"这样的话来赞美学识广博的人，然而在中国漫长的封建社会中，出于种种原因，真正虚心向西方学习的人并不多，能做到"学贯中西"的人更少。而明代大科学家徐光启正是其中的佼佼者。

徐光启，字子先，明代松江府上海县人，生于明嘉靖四十一年三月二十一日(1562年4月24日)。这是明代末期的动乱年代，奸臣当权，倭寇侵扰，天灾频繁，同时也是中国的"文艺复兴"时期。有识见的人们不满于道学家们的空谈说教，而希望把学问和国计民生结合起来，从而创造了一个学术和科学文化空前繁荣的局面。在这股重实用、重民生的思想解放浪潮中，徐光启无疑是一朵最引人注目的"浪花"。

徐光启的家乡上海县属于松江府，当地土地肥沃、物产丰富，经济相当繁荣，素有"鱼米之乡"的称号。城内有居

民三四万户，以纺织为生的手工业者有两千余人，棉纺织业十分发达，当时被誉为"衣被天下"。而依托新兴商港的兴起，上海县的商业、对外贸易也日渐发达。

然而，在动荡的明末社会，上海县也不可能是完全的人间乐土。从嘉靖二十五年（1546年）到嘉靖三十二年（1553年），倭寇数次入侵，肆意烧杀抢掠，严重破坏了当地的生产生活。而当倭患渐平，百姓结束逃难、准备在满目疮痍的废墟上重建家园时，接二连三的打击又向他们袭来。1561年（嘉靖四十年）松江府及附近地区洪水四起，累月不退，造成秋收减产。第二年春，徐光启出生时，当地又发生严重春荒，青黄不接，饥民遍野。以后几年，记载在上海编年史上的依然是接连不断的灾害，接踵而至的台风、饥荒，百姓们在饥饿和死亡线上挣扎着。徐光启幼年的遭遇，成为他脑中挥之不去的童年记忆，也成了他日后救国救民行动的强大动力。

给予徐光启以莫大影响的，除了时代

环境，还有他的家庭。徐光启出生在一个自食其力的劳动者家庭。徐家曾因经商而致富，但到了徐光启的父亲徐思诚这一代，由于天灾人祸，加上徐思诚秉性慷慨，不计较金钱的出入，又不喜欢经商这种"锱铢必较"的行业，家道已然中落。为生计所迫，徐思诚硬着头皮务农，种庄稼以自给，而徐光启的祖母尹氏、母亲钱氏也像当时上海许多的劳动妇女一样，早晚不停地纺纱、织布，以补家用。徐光启的降生，给这个贫困却辛勤不辍的家庭带来了新的喜悦和希望。对这个聪颖、

健壮、讨人喜欢的儿子，父亲自然非常喜爱，于是便为他取名为"光启"，期望他能耀祖荣宗，光大徐家门第。

　　尽管家中经济较为拮据，徐家还是想方设法凑了一笔钱送这个男孩入学读书。这样，徐光启从七岁起，便入村学开始接受传统教育。从《徐氏家谱》中记载的徐光启幼年的故事来看，他在同龄人之中表现得既淘气，又很有胆识。他就读的村学龙华寺有座古塔，塔上有一些鸽子窝，一天，徐光启一时兴起爬上塔顶捉鸽子，不小心失足从塔顶跌落下来。围观的

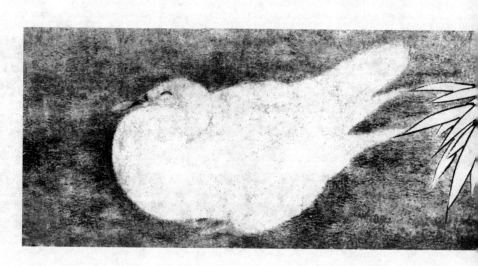

人吓得大叫，而徐光启若无其事地站起来，对手里的鸽子说："你还想绕着塔尖飞么？我费了好几天才捉到你哩。"冬天下雪时，他会爬到新筑成的上海城墙上，极目远眺城内城外的雪景。看得高兴时，他会在城墙上健步如飞地奔跑，早已忘记了寒冷和危险。

日益拮据的家境使年幼的徐光启不可能逐日无忧无虑地嬉戏玩耍。他看到祖母和母亲日夜操劳，看到父亲辛勤劳作在田间地头，心中便早早懂得了人世艰辛。在耕作之余，徐思诚喜欢到老农家拜

访聊天，请教些农业生产知识。很多时候，他会带着儿子一起去，这在不知不觉中培养了徐光启对农业生产的感情。贫困而又丰富多彩的童年生活，使他对自然产生了浓厚的兴趣，养成了好奇心和坚毅的性格，这些正为徐光启日后成为杰出科学家打下了坚实的基础。

同时，家庭又给予了徐光启另一种熏陶。倭寇骚扰时期的逃难生活给徐光

启的祖母和父母留下了记忆的创伤，也成
为他们给徐光启讲故事的素材。母亲钱
氏一边摇着纺车，一边为徐光启讲述倭
寇的凶残和百姓的颠沛流离，激愤时二
人怒目圆睁，动情处母子泪光莹莹。父亲
徐思诚喜爱阅读兵书，战乱时又接触、认
识了一些抗倭名将，学到一些战守方略的
专门知识，对当年的倭患自然有更深入的
了解。劳动之余，他回忆往事，对着儿子
慷慨陈词，徐光启也听得津津有味。这

些童年经历培养了他对军事的兴趣和对国家命运的关心。在村学里，他和几名同窗聚在一起聊长大后的志向。有人说要经商赚钱；有人提出皇帝笃信道教，自己要当道士以出人头地；而徐光启则表示要走仕途，立身行道，治国治民，提倡正义，反对邪恶。抱负远大的徐光启在少年时已令人刮目相看了。

事实上，徐光启也正在不断向着自己立下的志向奋斗。他在村学时学习勤奋，成绩优异，在学业上已显露才华。经过十多年的刻苦学习，徐光启于万历九年（1581年）考中了金山卫的秀才，向他的

理想踏出了第一步。要知道,明代的秀才就是县学的生员,区别于普通百姓,有一定的社会地位,不但可以享受免粮免役的待遇,还可以得到官府的津贴,是走入仕途的预备阶段。春风得意的徐光启又迎来了人生的另一件喜事——这一年他与本县吴氏女成亲了。娶得贤惠的妻子,徐光启更加志满意得。

中国有句老话:"自古雄才多磨难,从来纨绔少伟男。"这恰是对徐光启人生的最好注释。顺利考上秀才,取得参加科举考试的资格的徐光启没有想到,此后的考试道路会困难重重。

从万历十年(1582年)到万历二十二年(1594年),徐光启参加了五次乡试,次次都空手而归。屡次乡试落第,不是徐光启学问不如别人,而是因为明代后期科举制度已然十分腐败,贿赂横行,徐光启无钱无势,自然走不得后门。不少主考官不学无术,多注重空洞无物的八股文,青睐华而不实的辞藻，而徐光启注重实用的学问，不被考官看好也是必然的。直到万历二十五年（1597年），乡试主考官焦竑慧眼识英才，录徐光启为解元，即第一名，徐光启才避免了名落孙山的命运，并和焦竑结下师生情谊，在历史上被传为一段佳话。

漫漫十五年的乡试之路，看着身边的好友个个中举而去，徐光启内心承受着巨大的压力。贫困的家庭一面要承受天灾侵袭下的艰难生活，一面还要为徐光启筹措赶考的费用。这一年，徐光启赶考走

后，母亲钱氏常常从早到晚粒米未进，有一天在篱笆中找到一个干瘪的小瓜，才煮来充饥。徐光启为了节省费用，往往在赶考途中自己担着行李抄小路步行。遇到雨天，他更要在泥泞中艰难跋涉，赶到考场时已狼狈不堪。在这十五年漫长的应考岁月中，徐光启为了补贴家用，除了读书备考，还得外出教书。他先后到广东韶州、广西浔州两地官员家中教书，足迹遍及浙江、江西、广东、广西数省。两广之行除了让他体会到旅途艰辛、世态炎凉之外，还让他有了另外一种收获——结

识了西方传教士。而这也将影响他的一生。

在徐光启去广东韶州之前,西方传教士已在当地定居,并建造了教堂。除了宣扬天主教教义外,传教士们还会宣传一些西欧地理大发现以来近代科学的成就,还会摆出一些钟表、仪器、地图等以吸引较有知识的读书人,来引起人们对欧洲和对天主教的兴趣。为了获得认同,传教士们往往会取个中文名字,还换上读书人的儒服。万历二十三年(1595年),徐光启到韶州教书时,就结识了这样的

一位传教士，名叫郭居静。

这是徐光启第一次见到蓝

眼珠、高鼻梁的白种人，

他既好奇又兴奋，攀

谈之中，又得知两人年纪相

仿，便谈得更加投机。

　　从郭居静那里，徐光启听到了

天主教的教义，了解到在中国之外，

还有一个科学文明发达的欧洲存在，

第一次接触到闻所未闻的西方文明，这

些引起了他对世界形势的关心，增添了

他进一步了解西方文化的兴趣。郭居静

告诉徐光启，到广东来的传教士们的负

责人叫利玛窦，是意大利人，很有学问，

现在身在南京。徐光启决心找机会拜访

利玛窦，亲自向他请教关于西方文明的

诸多问题。而这时的徐光启并没有想到，

日后他和利玛窦的相识将成为明末中西

文化交流史上光辉灿烂的一笔。

二、融会贯通，译出名著

万历二十五年（1597年）对于徐光启来说是幸运的一年，这一年他得到主考官焦竑的赏识，夺得了乡试第一名——解元。尽管第二年春天的会试失利了，徐光启还是开心地返回了故乡上海县，接受亲朋好友的祝贺。他在家中住了一年多，正忙于安排家计，忽然听到了恩师焦竑辞官的消息，大为惊诧。原来焦竑不但是个思想先进、爱才惜才的"伯乐"，还是一名

为人耿直、嫉恶如仇的官员。他遇到不平之事就直言不讳，得罪了执政的大臣，在朝廷上受到了排挤。对朝政失望之余，焦竑辞去官职，回到南京老家过起了隐居生活。徐光启闻听此事，立刻安排好家里的事，于万历二十八年（1600年）春天前往南京看望焦竑。

南京是当时明朝的陪都，许多知名学者和文人都聚集在这里进行讲学，学术思想很活跃。于是天主教传教士利玛窦也在南京开展传教活动，并与焦竑结为了朋友。看到远道而来的徐光启，焦竑十分高兴，与他畅谈南京的风土人情、人文胜迹，不免也聊到了传教士利玛窦。焦竑送给徐光启一份世界地图作为见面礼物，令徐光启爱不释手。

徐光启得到的这张世界地图，最初称为《山海舆地图》，又称为

《舆地山海全图》，是利玛窦于万历十二年（1584年）绘制的，是中国最早引进的新型世界地图。万历二十八年（1600年）应南京官员之请，利玛窦重新修订了这幅地图，并把它翻刻出来，在南京士人中流传。

这幅地图是以意大利米兰安布洛兹图书馆所藏世界地图为底本绘制的。地图上面明确标示出地球是圆的，图中绘有经纬度、赤道、五带，并正式介绍了五大洲的轮廓。地名都翻译成了汉语，还酌量附加了有关地理、物产等方面的说明。这张地图给当时的中国人一个全新的观念：地球是球形的，悬在空中，上下都有人居住；中国处于一块大陆之上，中国之外还有许多土地和许多国家。当时距哥伦布发现新大陆已有八十

余年，周游地球的人已为数不少。而包括徐光启在内的绝大多数中国人仍遵循传统，认为整个世界是"天圆地方"的，明朝在世界中央，是唯一的"天朝大国"。利玛窦的这张世界地图，让中国许多思想开明的知识分子开始睁开眼睛，注目世界。

徐光启看到这幅地图，顿感耳目一新，眼界大开，对五大洲的分布，对世界各国的疆域有了较为清楚的了解，从而激

发了他了解西方、寻找科学真理的愿望。
再加上他在广东韶州教书时已听说过利
玛窦，便决心趁这次来到南京的机会，上
门拜访这位外国传教士。结果两人一见如
故。利玛窦室内琳琅满目的摆设、各种奇
形怪状的科学仪器深深吸引了徐光启。
两个人从天文到地理，从日食、月食到经
纬度，从数学到绘图学，谈得十分投机，
利玛窦还时不时穿插讲一些天主教的教
义。虽然徐光启这时还没有下决心入教，

但已深深地被这位年长他十岁的传教士吸引住了，成为他日后回乡时仍念念不忘的记忆。

三年后，徐光启又一次到南京专程拜访利玛窦，可不巧的是，利玛窦已上北京了，另一位传教士罗如望热情地接待了徐光启。罗如望认真而又虔诚地向徐光启解说了天主教的教义，并送给他两本利玛窦写的书：《天主实义》和《天主十诫》。在这两本书中，利玛窦从中国古代典籍中找到一些关于"上帝"的记载，并"证明"此"上帝"与"天主"是同义词，以此来更有效地劝说中国的读书人入教。徐光启读完这两本书后，表示愿意加入天主教。罗如望便为他行了洗礼，让他成为正式的天主教徒，取教名为"保禄"。这样，徐光启与传教士的关系更加密切了，他吸收西方先进科学思想的方便之门也打

开了。

万历三十二年（1604年）徐光启来到北京参加会试，考上了进士，又通过几次分配性的考试，进入翰林院做了庶吉士。要知道，翰林院在当时可是培养高级官员的地方。除了考取进士的前三名——状元、榜眼、探花可以直接进入翰林院做官外，其他进士还得通过考试，成绩优异的才能入翰林院，称为"庶吉士"，类似于现在的研究生。他们还需要在翰林院读三年书，定期做文章。三年学成，经过考试，成绩优良的便可分配到重要的官职，前途不可限量。

进入翰林院的徐光启，生活和学习条件得到了大大的改善，不必为养家糊口而东奔西走。他把自己旺盛的精力投入到学习中，学那些"治国平天下"的学问，学那些富国强兵的经世致用之学。同

时，思想敏锐的徐光启，决定利用利玛窦也在北京的机会，向他请教西方的科学技术。

徐光启在翰林院攻读之余，常常徒步到利玛窦的住处去，向他请教西方科学，求学态度十分真诚。后来，徐光启索性在教堂边租了一间房子住，以便于向利玛窦请教。他在翰林院当庶吉士这三年，几乎天天与利玛窦见面讨论学问。除了天主教教义，二人谈得最多的便是西方的科学技术发展情况。徐光启向利玛窦学习的范围很广，西洋的天文、历法、数学、火器，甚至西方逻辑学等，只要是利玛窦能教的，他都有兴趣学习。徐光启把利玛窦的学问归纳为两大类，大的是"修身事天"，即关于天主教教义的知识；小的是"格物穷理"，实际上是指自然科学知识，徐光启称之为"小学"，从后者又派生出数学。徐光启自称竭尽全力"传其小者"，可见他的主要兴趣，仍是在西方的自然科学。

在与利玛窦交谈的过程中，徐光启认识到了数学在众多学问中的重要作用。他认为，有了数学做根基，别的科学研究都会触类旁通。他打了个比方："数学好比工人盖房子时用的斧头和尺子，而天文、历法等其他科学知识犹如盖房子时用的其他器具，倘若连斧子、尺子都还没有，其他器具的使用，便无从谈起了。"所以，徐光启主张先翻译西方的一本基础性的数学读本，几经考虑，他最终选择了《几何原本》，并认为："此书未译，则他书俱不可得论。"

为什么会选择这本书呢？原来《几何原本》是古希腊的一部数学教科书，公元前三百年前后由古希腊数学家欧几里得著成。这本书逻辑推理性强，结构科学严谨，集几何学的大成，是对古希腊数学的总结和升华，在西方被认为是用数学书写形式和思维训练的经典著作。作为欧

洲中世纪一本最流行的数学名著,《几何原本》曾被译为阿拉伯文、拉丁文等各种文字译本,是世界上除了《圣经》之外被翻译得最多的一种著作。利玛窦在罗马神学院的老师、德国数学家克拉维曾将拉丁文本加以注释说明,题为《欧几里得原本》。利玛窦带到北京来的,就是这本。

利玛窦初到中国之时,就有过要翻译《几何原本》的念头,但碍于困难,数次动笔又数次停笔,深知其中的甘苦。当徐光启提出要翻译此书时,利玛窦详细叙述了翻译的实际困难和自己的几次失败经过。他告诉徐光启:中国和西方语法不同,词汇不同,首次翻译拉丁文的数学书,许多专用名词在汉语中都没有现成的,无成规可循。利玛窦认为自己的汉语底子虽然不错,照着原本宣讲,还勉强可以讲明白，但要逐字逐句地翻译，就非常晦涩，让人很难理解了。

面对犹豫不决的利玛窦，徐光启信心十足地说："我们的祖先有一句名言：'一物不知，儒者之耻'。既然我知道世界上有这本书，又遇到你这位老师可以随时请教，怎么能知难而退，让这本书在我辈手中失传呢？"他还豪迈地表示，"如果害怕困难，困难就会越来越大；迎着困难而上，困难反而会越来越小，只要不怕困难，这本书一定可以翻译成功。"在徐光启的再三请求下，利玛窦终于同意合作翻译《几何原本》了。

万历三十四年（1606年）秋，二人正式合作译书。徐光启每天下午三四点钟完成翰林院的功课之后，就会赶到利玛窦那里，风雨无阻。利玛窦一句句地讲解着书上的内容，有时，他还要停顿下来，皱着眉头，为寻找合适的说法而对书沉思。徐光启则一句句地记录，遇到不明白的地方，还要虚心地询问。北京秋冬的夜晚，又长又冷，但二人的室内常常出现热烈讨论的场面。许多数学上的专用名词，如直角、锐角、钝角等，在汉语中原本是没有的，经过两个人多次推敲，才确定下来。许多章节，两个人都反复重译，力求文字准确妥帖，通俗易懂。直到夜深了，徐光启才冒着凛冽的寒风，带着译稿回家，此时的街上已万籁俱寂。回到自己的寓所之后，徐光启还要再把当天的译稿加以整理、修改、润色，不知不觉已工作到半夜。

时光流逝，转眼间已到第二年的春天，徐光启与利玛窦合作译完了《几何原本》的前六卷。初稿译出后，徐光启不顾劳累，又修改了两遍。这样，从万历三十四年（1606年）到万历三十五年（1607年），经过近一年的努力，三易其稿，徐光启终于用明快流畅的文字完成了翻译前六卷的工作。按照徐光启的想法，还要与利玛窦合作译完全书。但利玛窦忙于传教，抽不出时间，他建议把译好的前六卷先刻印出来，听听各方面读后的反应，再继续翻译也不迟。同时，徐光启也考虑到自己在翰林院任庶吉士的三年期限将满，会面临一次分配官职的重大考试，需要时间精心准备，也就同意了利玛窦的提议。于是，两个人各写了一篇序，刻板付印。利玛窦写的序介绍了欧几里得，对翻译这本书的经过也有所叙述。徐光启写的序，以他渊博的自然科学知识，正确地估计了数学的价值，第一次向中国科学界说明了几何学的本质，并向中国的知识分子大力推荐这本书。

《几何原本》的这份中译本，可以说译得相当成功。我国近代著名学者梁启超曾称赞该书："字字精金美玉，是千古不朽之作。"

拿这本书的题目来说，它的拉丁文译本原称为《欧几里得原本》。欧几里得是人名，但如果直译为《原本》则不像一部数学书的名字。徐光启创造性地加了"几何"一词，成为《几何原本》。几何，是汉语固有的词汇，原来只是一个虚词，徐光启借用它来代指一切度数之学。经徐光启使用后，至今已成为数学上的专用名词。其他如点、线、面、平行线、直角、钝角、锐角、三角形、四边形等等，都由徐光启使用后确定下来。徐光启创造的这一套数学名词、术语，十分切合它们本身的意义，所以很多为后世所采用。

徐光启为翻译《几何原本》所倾注的巨大热情，表现了这个博学的科学家的慧眼。他认为这本书体现出来的逻辑推理的说服力和科学结构的严谨性，能弥补中国古代数学理论的不足。他为此写了《几何原本杂议》，大声疾呼："能精此书者，无一事不可精；好学此书者，无一事不可学。"他还断言，百年之后，必定人人都要竞相学习，而且一定会后悔学得太迟了。他的话在后代有了应验。清代中叶，当我国知识界掀起向西方科学学习的热潮时，《几何原本》成为新办洋学堂的数学课本。清代数学家李善兰和英国传教士伟烈亚力又合译了该书的后九卷，此书得以完备，其沟通中西文化的重要作用得以更加凸显。

除了合译《几何原本》外，徐光启和利玛窦在数学领域合作的另一成果是《测量法义》一书。顾名思义，这本书是一本用几何方法讲述如何测量事物的高深广远的书。原稿是利玛窦在十多年前编成的，只有一些关于测量方法的说明，不成

系统。《几何原本》问世之后，徐光启觉得有必要参考中西方几何学的方法，重新整理这部草稿。于是，徐光启从万历三十五年（1607

年）开始着手整理修订这些草稿，大约到了万历三十六年（1608年），《测量法义》成为定稿。这部书最可贵之处，在于徐光启把我国古代数学名著《九章算术》和《周髀算经》中提到的传统数学测量方法，和古希腊数学之祖欧几里得的西方测量方法有机地结合起来，这是中西文化交流的又一项成果。

继《测量法义》之后，徐光启还受《几何原本》的启发，编写了《测量异同》和《勾股义》两部数学著作。在这两本书中，徐光启指出，中国传统的测量法，只说出结论如何如何，而没有说明为什么会有这样的结论，而且崇尚空谈的社会风气已使当时的数学研究大大停滞了。所以徐光启力图用《几何原本》中严密的理论体系，去说明中国传统数学著作中的道理，把中国和西方的数学传统，进行了比较研究。可以说，这是一项很有意义的创造性劳动，这种中西方法融会贯通的研究，使我国的数学研究水平大大提高了。

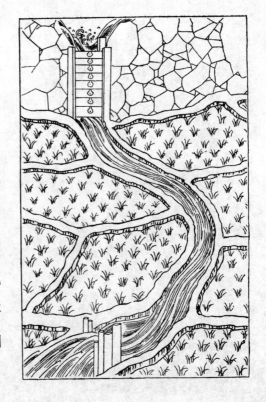

　　更为难能可贵的是，徐光启的目光不仅仅停留在书本的理论上，他还富有远见地认为中西汇通的测量方法将是治理农田、开发水利的一项法宝。这个开中国风气之先的说法，果然在若干年后，促进了农业的发展，收到了巨大的经济效益。

三、勇于实践，"京官"务农

万历三十五年（1607年)初，徐光启结束了作为翰林院庶吉士的三年学习生活，正式步入仕途。由于他一向勤奋学习，毕业成绩优异，因而被授予翰林院检讨的官职。能在体面、尊贵的翰林院工作，可谓前途一片光明。

当徐家上下还沉浸在喜悦中时，一件不幸的事发生了。这一年的四月二十八日，徐光启的父亲徐思诚在京城病逝。承受着巨大悲痛的徐光启向皇帝递交了解职还乡的奏折。这是为什么呢?原来按照中国古代的礼制,父母去世,做官的儿子要解职回乡守丧,闭门谢绝应酬,以二十七个月为期,通称为"三年在籍守制"。于是,这一年的八月十六日,徐光启护送父亲的灵柩南下,回到家乡上海县,直到万历三十八年(1610年)才回京复职。

这时的徐光启作为"京官",在上海县城内的社会地位已经很高了,当地的官员、乡绅们都等着一睹他的风采。然而,每一次当地名流的聚会中都找不到徐光启的身影,人们纷纷猜测他的行踪。而在上海县城南门外康衢里一处名为"双园"的地方,人们时常会看到一位身穿麻布孝服的中年人,肩挑粪桶,手拿锄头,赤着双脚,在田地里施肥、锄草,劳作不休,忙得满头大汗。每当乡亲们走过,看到茂盛的庄稼,不禁会投来羡慕、尊敬的目光。偶尔路过的行人，怎么也不能想象，在这里劳作的庄稼汉，竟是贵为翰林院检讨的徐光启！

徐光启务农，并不是他的一时兴起，更不是为了标榜清高，而是基于他清醒的认识——兴盛农业，而兴盛农业是富国强兵之本。徐光启出身贫寒，从小就跟着父亲参加过农业劳动，加上在青少年时期，家乡频遇灾荒，他深刻体会到农民忍饥挨饿的痛苦，因此他立志改革农业，任何时候都不忘对农业和农学进行研究。他为自己取了个号，叫"玄扈"，因为我国古代把督促农桑的候鸟称作扈，他选这个字为号即表示要重视农业生产。早在20岁左右时，他就注意农田水利的兴修，关注家乡水道的流向，还亲自测量过家乡周围河道的宽窄以及河底的深浅。这时的徐光启还

善于经营规划,曾有一块长满杂草的水淹地,乡亲们都认为是没有利用价值的荒地,徐光启把它略加修筑,种上柳树,竟得到不少柴火,除了供自己家烧用,还有多余的可以卖出,收获相当不错。

42岁那年,徐光启整理了自己历年的测量结果和水利设想,拟订了一份《量算河工及测量地势法》,呈送给当时的上海知县,供测算河工及测验地势时参考。这份水利工程计划书为修建龙华港及周边农田蓄水排水工程提供了很大帮助。

热心于农业、水利的徐光启早就想抽出些时间,对农业生产、水利工程进行系统的研究,这次回乡守制便给了他这样一个机会。他打算将自己家的田地和园子用作试验场，把自己在书本上看到的学问付诸实践，如果成功了，也可告慰操劳了一生的父母。

天有不测风云，就在徐光启回到上海后的第二年，江南地区连降大雨，江河湖水暴涨，松江、苏州、常州等地的农田多被淹没，粮食颗粒无收。洪水退去，紧接着便是饥荒，粮价飞涨，无数农户断了炊烟，灾民无以果腹，只好外出讨饭。目睹严重的灾荒，徐光启没有一蹶不振，而是立即采取行动。他利用自己的身份地位，向万历皇帝递上奏折，请求朝廷拨付税金二十五万赈济江南地区。这笔钱款解决了灾民们的燃眉之急。可徐光启明白，这并没有解决根本问题，他渴望找

到一种能帮助农民度过荒年的高产粮食作物，这样，即使将来再遇到灾害也不怕了。

正当徐光启为此苦苦思索的时候，从福建莆田来了一位姓徐的客商。他告诉徐光启，福建有一种叫甘薯的农作物，不怕干旱，不怕台风，产量比稻麦高出几倍，可替代农民半年的口粮，闽广一带农民赖以为生。徐光启听后，十分高兴，决心在家乡试种。

甘薯在我国又称番薯、山芋、红薯或地瓜，原产于中美洲，适宜在热带和亚热带地区栽种。大约在明代后期，也就是16

世纪八九十年代由菲律宾传入我国福建、广东等地。由于甘薯产量高，食用方便，很快就成为我国南方农民的重要粮食来源。而在温带的上海，当时还没有人种过。

　　要把甘薯从亚热带的岭南地区移植到温带的长江下游地区，关键是要解决甘薯秧的安全越冬问题。最初的几次试验都失败了，那位莆田客商带到上海的薯秧在冬天被冻坏了，栽到地里无法存活。后来，徐光启想了个办法，他请莆田客商买好薯秧后在秋天栽到装有泥巴的木桶里，开春时从福建连桶带泥运来上海，然后再剪下藤枝栽到地里。这次试种终于成功了，入夏，田里长满薯藤，一片碧绿。秋收时，挖出的甘薯大如碗口，一亩可收数十石，比稻谷产量不知高出多少倍。收获的甘薯既可生吃，又可蒸煮、火烤、油煎，还可晒干后长期保存，更可磨粉、制酒，用处颇多。

　　徐光启的亲戚友邻闻知这一新品种后，纷纷前来品尝，还要求他介绍种植甘

薯的经验。徐光启也认为这是救灾度荒的最佳高产粗粮作物，应该在更大范围内宣传、推广。于是，他编写了《甘薯疏》一文，系统地总结了在上海试种甘薯的经验，"疏"是分条说明的意思。在文章中，徐光启详细介绍了甘薯的种植时令、剪藤方法、生长特点、施肥技巧以及采收方法、食用方法、副食利用等方面，概括了种植甘薯的若干条好处。徐光启苦口婆心地劝说："农人之家，不可一岁不种。""决可令天下无有饿人也！"《甘薯疏》问世后，流传极广，影响遍及日本、朝鲜等国。

甘薯引种成功，在徐光启看来，是一个重大突破。他进一步预言，这种作物在黄河以北地区也大有发展前途。徐光启认为，倘若在地窖中收藏薯秧，应比江南留种更方便。果然，18世纪中叶以后，黄河流域也普遍种植甘薯，证实了徐光启的预言。

《甘薯疏》写成后的第二年，徐光启又写了《芜菁疏》。芜菁，俗称大头菜，由于其产量高，也可以用作度荒作物。芜菁性喜阴凉，原产中国北部和欧洲北部，明代以前只限于在北方种植。《唐本草》等传统农书认为，如果把芜菁种在南方，不出两三年就会退化变成白菜。徐光启认为不能盲目相信古书，他离开京城的时候，特意带了芜菁的种子回乡，准备在上海试着种植。可第一年长出来的芜菁块根很小，真的像白菜一样。

徐光启没有灰心，经过仔细观察，再参考自己以往的种植经验，他找到了症结所在。原来，南方种芜菁，结子多在芒种以后，正逢梅雨季节，日照不足，湿度大，影响光合作用。

芜菁籽生长不结实，先天不足，加上种植密，肥料少，难怪长出的块根瘦小，外形像白菜了。针对这些问题，徐光启对芜菁作了改良，摘去一些芜菁的花蕾，使田里芜菁开花结子的时间有先有后，这样就总有一批芜菁结子的时间能避开梅雨，可以结出壮实的种子。同时，他又对栽种方法进行了改进，稀种植，厚施肥，勤松土。这样下来，芜菁果然在南方栽种成功了，而且块根越种越大，甚至大过小孩的头，芜菁便被人们称为大头菜了。徐光启为了纠正古人的观念，推广自己的经验，便写了《芜菁疏》。

甘薯北移成功，芜菁南移成功，在短短两三年间取得的这些成就，有力地驳斥了当时盛行的所谓任何地方生产的作物都是不可变动的保守观念。徐光启在文章中指出，各地有各种优良品种、高产作物，若能互相交流、广泛种植，社会上就可以不必担心食物不足，百姓也就不会饿死了。他认为，有些人局限于习惯和保守思想，动不动就搬出"风土不宜"的借口，反对农作物的推广，这种言论

"大伤民事"。徐光启恳切地劝告农民切不可误信传闻，放弃利益。

除了试验引进江南地区迫切需要的高产粮食作物外，徐光启还尝试着推广种植有利于增加农民收入的经济作物。他逢人便劝说他们种植女贞树（又名冬青树）、乌桕树，认为女贞树可用来采集白蜡，解决照明问题；乌桕树可以榨油以作燃料，还可用于染发、造纸，极具经济价值。而且，徐光启尚且不满足于已经做的这些，他还把探索的目光投向了棉花。

棉花是宋末元初才在我国推广种植的经济作物，种植棉花要求的技术性很强，没有丰富的经验，一般收成不佳。另一方面，自从元代松江府人黄道婆向黎族人学习纺织技术

并将之传回家乡后，上海地
区的棉纺织业有了突飞猛
进的发展。到了明代，松江
府已成为全国棉纺织业中
心之一，松江的棉布畅销
全国，甚至作为贡品献给皇
帝。这么一来，市场上对棉
花的需求量更大了，迫切需要增加棉花产
量。鉴于此，徐光启在自己试验研究的基
础上，撰写了《吉贝疏》。

　　吉贝是我国古人对棉花的称呼。为了
帮助农民掌握更好的技术，徐光启把他
的经验编成了《吉贝疏》这本小册子。他
分析了当地的气候特点、土壤条件，询问
了农民们植棉的情况，自己又动手进行耕
作、锄草。最后，徐光启指出了棉花低产
的四大原因：种子不佳，播种太密，施肥
不足，锄地不勤。为了让农民更好理解、
更易操作，他把棉花丰产的条件总结为
通俗的口诀："精捡核，早下种，除根短

干，稀料肥壅。"这些经验为我国棉花栽培技术的提高和种植业的发展，作出了重要贡献。

《甘薯疏》《芜菁疏》和《吉贝疏》这三"疏"，是徐光启在上海务农的心得与经验总结，是他的学识与实践能力的结晶。更为难能可贵的是，徐光启并未染上当时知识分子的通病，为炫耀学问而将文章故意写得深奥难懂，而是采用通俗易懂的形式，向农民宣传科学知识，让人易于、也乐于接受。这正是徐光启的过人之处。后来，这三"疏"被徐光启收入自己的农业巨著《农政全书》中，继续发挥着它们的作用。

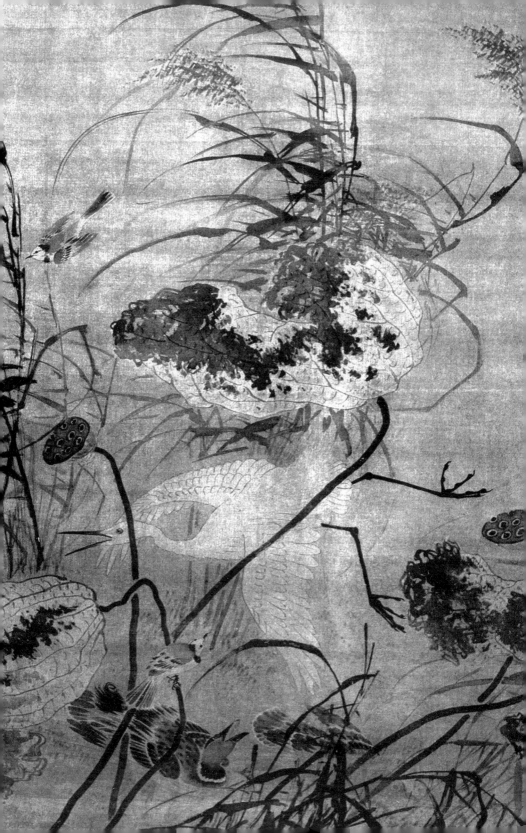

四、格物致知，巨著诞生

万历三十八年（1610年）底，徐光启三年守丧期满，准备回京赴任。路途中，他心急如焚，恨不能立刻赶回京城。并非是徐光启急着做官，而是他在家乡收到了利玛窦去世的讣告，现在急着参加利玛窦的安葬仪式，亲自送上对这位良师益友的哀悼。往事历历在目，回顾与利玛窦灯下共译《几何原本》的情景，徐光启感慨万千。他想起自己离京前，利玛窦曾向

他提过西方的水利器械大可借鉴过来，还把另一位传教士熊三拔介绍给他说："此公是西方水利研究的专家，欲知详情，还需向他多多请教。"徐光启决心与传教士再次合作，翻译一本西方的水利书籍。

回到京城后，徐光启找到传教士熊三拔，婉言向他提出介绍西方水利器械的事。熊三拔也是意大利人，是利玛窦的后辈，为人聪明博学，精通天文和水利。但是他比利玛窦谨慎，因为介绍西方水利机械不在传教事务范围之内，否则会引起教士们的流言蜚语，影响他在教务方面的前程。他面有难色地推辞了这件事。

徐光启并没有因为熊三拔的拒绝而灰心，他已留意农田水利二十多年，对水利建设的重要性有强烈的认识，当他回到家乡，看到农民们仍旧使用落后的水车工具，十分费力，就更觉得有引进西方先进器械的必要。徐光启觉察到熊三拔的难处，劝熊三拔说："天主不是造福于万民吗？先前的利玛窦先生把天文、历法、数学等知识毫不吝惜地传给我中华，备物致用，就是为了造福万民，结果他受到了广泛的赞誉。您如今向中国传授西方的水利知识，也是利玛窦先生当时的夙愿，如果愿望达成，将福泽后世，请您考虑一下吧。"这番话打动了熊三拔，他答应向徐光启每日讲授西方水力学原理和工程学知识。徐光启把熊三拔所说的内容一一记录下来，然后整理成文。

从万历三十九年（1611年）夏天开始，一直到万历四十年（1612年）春天，徐光启完成了《泰西水法》的编写工作，并着手付印刊行。泰西，就是西欧的意思；水法，是水利之法的意思。这次编译，与翻译《几何原本》不同。《几何原本》是数学名著，翻译时应力求忠实于愿意。而《泰西水法》的内容虽然主要是介绍西方水利，包括水利器具及水库工程等，然而徐光启并没有照本直译，而是结合我国原有的水利工具，选择西方科技中确实先进的部分，加以翻译整理。所以这本书实际上也是徐光启比较、研究东西方水利知识的成果集成。

《泰西水法》共六卷，前四卷讲取水、蓄水的方法。特别是前两卷全文介绍了三件水利器械的制作和使用过程。这三件器械便是龙尾车、玉衡车和恒升车，是从江河或井中汲水的工具，旱时可靠它们汲水灌溉，涝时可用它们抽出田间的水，它们不但功能强大，还可借助风力、水力或气压推动，很省人力。徐光启的好友曹于汴评价说，有了这些器具，"江河之水，井泉之水，雨雪之水，无不可资为用，用力约而收效广"。《泰西水法》的第五卷讲水质、水理。第六卷为图集，绘出了有关器具的图式。书前，徐光启写有《泰西水法序》，指出如果水利搞好了，"富国足民，或且岁月见效"。这种说法是很有见地的。

尤为可贵的是，徐光启不仅做了一般的文字翻译，他还结合上实物的试验。

他请来许多木工，把熊三拔介绍的西方水利器械一一制出成品，然后应用到农田中试验功效。一时间，熊三拔的天主教堂中到处摆放着水利工具部件，还聚集着许多手工工匠，随着徐光启一同专心地听着讲解。这种结合试验的翻译方法，受到了当时京城中学者的赞赏。很多人都派了能工巧匠来到徐光启这里学习制作方法。当时有一位农业专家，名叫彭惟诚，正在离京城南三十里的良乡试种水稻，听说京城的徐光启、熊三拔正在试制新式水利器械，便立刻派了几名工匠来天主教堂学艺，然后把制成的器械带回良乡，经过试验，效果非常好。此后，徐光启在天津垦殖时，又把这些水利器械带到天津试用，也立见功效。这样，《泰西水法》便成为了一个西法中用、中西自然科学结合的成功典范。

这时的徐光启，在引进西方先进农业科学方面还有不少其他的成就。他曾在写给家人的书信中提到应用"西洋种葡萄法"来嫁接葡萄以取得更好的品种。徐光启还谈到引用西洋的"制药露法"，把中国传统的中草药，如麦冬、何首乌、山药、酸枣仁等制成药液，长久储藏，有专家评价他"在中国药学史上添上了新的一页"。

正当徐光启在吸收西方先进科学方面卓有成效时，他的仕途却起了风波。徐光启自万历三十八年（1610年）

回到京城后，仍任翰林院检讨一职。这是个较为清闲的官职，不负责具体的行政事务，所以有时候朝廷会派给他一些临时性的任务。万历三十九年（1611年），他被派到宫廷内部主管宦官的教学工作，就是教那些太监们识字。当时正是宦官得宠、仗势欺人的时候，一些没有骨气的知识分子常常就此巴结宦官，青云直上。但徐光启从内心里不喜欢这一工作，看不上趋炎附势者的嘴脸，不免得罪了一些宦官。到了万历四十一年（1613年），他又被委派为当年会试的同考官。本着提拔人才精神的徐光启又大大惹恼了一个名叫魏广微的宦官亲信。这个魏广微投靠宦官，常常为虎作伥，迫害排挤正直的知识分子。这一次，魏广微靠着宦官的势力当上了会试的同考官，与徐光启一同阅卷。魏广微妒才嫉贤，摈斥了品学兼优的鹿善继等人的试卷，使他们落选。而当徐光启再次阅卷时，认为这几人不仅治学严谨，而且为人正直，应试文章又都是经世致用之文，因此坚持把他们录选。这就引起了魏广微的嫉恨，他到处散布谣言，说了徐光启很多坏话，甚至说他与西洋传教士暗相勾结，图谋不轨。再加上这一时期，徐光启和一些有识之士主张修订历法，引起了守旧派的不满，闲言四起。这些使徐光启甚为愤恨，决心托病告假，离开京城这块是非之地，并利用这段时间进行农业科学实验，从另一途径为社会作些贡献。

选择什么地方进行农业试验，徐光启很是费了一番思索。他一度考虑过回上海老家，还给留在家乡的儿子写了一封信，希望儿子在上海城外再购置些田地。然而这个方案没能实行，上海人多地少，地价昂贵，没有太大的可能搞大型的农业

试验场。这样，徐光启把目光转向了地广人稀的北方，最终选择了天津。那时，天津一带有很多荒田，既有水源，地价又极为便宜，给政府交的税又轻，实在是个理想的地方。而且天津离京城近，便于联系熊三拔等传教士，对徐光启继续从事科学研究比较有利。更为重要的是，徐光启通过自己在京城多年生活的体验，发现南北方的经济发展很不平衡，特别是在粮食生产这个关系国计民生的大问题上，北方要远远落后于南方，每年的南粮北调费时费力，还需几百万的漕运费用。徐光启希望通过在北方试种、推广水稻及其他南方高产粮食作物和经济作物，使北方的农业生产发展水平接近江南，从根本上改变南北经济发展不平衡的局面。

万历四十一年（1613年）秋末冬初，

徐光启带着他的理想和科学知识来到天津，从最初的八百亩田地做起，一步步地实践着他的农业试验计划。最初两三年，他种植小麦获得成功，不但有了充足的资本，而且具备了将试验进行下去的充足信心。

做足了准备工作，徐光启着手在天津农田里播种水稻。他先细心地研究了农田的地势和周围的河道，又研究了滨海盐碱地的特性，发明了适用于当地既可抗旱防涝，又可洗碱的水利工程技术，使水稻得以顺利成活。然而试种当年并没有收成。虽然稻秧长得挺拔壮实，根大如斗，但并不结实饱满，以致一年到头颗粒无收。徐光启并没有气馁，而是积极地寻找原因。原来，徐光启为水稻施肥用的还是江南地区的老办法，并不适用于北方的土质。经过多方询问和试验，徐光启改用麻灰作肥料，大大改善了水稻的生长条件。万历四十五年（1617年），徐光启试种水稻获得成功。后来，经过一代又一代不断总结经验，他培育出了一种叫"小站稻"的优良品种，天津地区也成为了我国北方产稻的重要中心。这是和徐光启的辛勤努力分不开的，南稻北种的成功，为北方种植水稻积累了丰富的经验。

为了推动北方经济快速发展，徐光启还试验引进一批经济作物。他有计划

地从上海、安徽等地买来各种
药材，如生地、何首乌、牛膝、
贝母、当归、远志等，种下去，
收成也不错。他还写信让上海
的家人给他寄来鸡冠花、凤仙
等花的花籽，种在房前屋后的
空地上，并改造了从传教士那
里学来的"制药露法"，用各
种花朵做成香露，销路很好。
徐光启在天津还试种了葡萄，
其中的白葡萄一株可产数斗果
实，每亩可收百担，经济效益
可观。他还认为北方没有梅雨
季节，很适宜养蚕。但北方的
桑叶质量不如南方好，徐光启
就想把南方的桑树移植到北
方去。这样的试验、尝试还有
很多。

　　天津屯田，是徐光启直接
参加农业科学实践的第二次

比较集中的时期。上海和天津，一南一北，在江南水乡和华北平原这两个不同的典型地区的实践，使他的视野更加宽阔，对农业科学规律的总结更具有普遍的意义。在天津的这几年，徐光启早出晚归，手执锄头、铁锹，亲自参加田间劳作，休息时就博览古今农书，还随时请教当地农民。几年下来，他积累了大量的农业研究经验，对各项实践都作了记录。参考研究心得，徐光启写成了《北耕录》《宜垦令》等书，介绍了一些耕作、施肥的经验，

号召有识之士进行垦殖。

在天津垦殖的后期，徐光启还把历年务农的心得体会、理论成果加以总结，写了一部综合性的通俗农书——《农遗杂疏》。所谓"遗"，徐光启取之古书《周礼》的"遗人"之"遗"，意思是要充分利用农业资源，不要有所遗失。徐光启写这本书的目的在于劝告农民采用先进的、有效的生产技术，实行多种经营，提高产

量，以获得更多的产品，还要在平时多加积累，以备荒年的不足。《农遗杂疏》里包括他先前所写的甘薯、芜菁、吉贝的小册子，也包含他收集的论粮、棉、蔬、果、农艺以及畜牧技术的综合知识，可以说是一部农业小百科全书。这部著作为徐光启以后编写大规模的《农政全书》打下了坚实的基础。

正当徐光启在天津垦殖的前途一片光明时，明朝的政坛却越加昏暗了。一些朝廷重臣盲目排外，视西洋事物为异端，欲除之而后快。有一些惯会揣摩上级意愿的小人趁机上奏要求驱逐外国传教士，惩罚信教的中国士大夫，并在南京无理拘捕了二十余名传教士，把他们押解远走，这就是"南京教案"。徐光启曾愤而向皇帝上奏，力劝皇帝不要排斥刚刚传入的西方教义和科学技术，但最终并未获得成功。与此同时，辽东满洲人入侵，朝廷练兵不力，军政腐败，徐光启对政局感到十分沮丧。天启元年（1621年），在万历皇帝驾崩之后，天启皇帝继位——这是一个整天与斧子、凿子为伍，喜欢做木匠活、不问朝政的糊涂虫。朝廷大权掌握在宦官魏忠贤的手中，他结党营私，无恶不作。徐光启就此对朝政不抱任何希望，在当年秋天，他毅然辞职，踏上了南归上海的旅程。

这时，唯一能给徐光启以安慰的是，上海的田地经过儿子多年的经营，这时更具规模，使他有条件进行农业科学的研究和试验。政治上的失意，在客观上提供了一个条件，使徐光启能有几年空闲时间，将酝酿多年的《农政全书》整理定稿。这本书写于天启五年（1625年）到崇祯元年（1628年）之间。

当时还没定下这个名字，而是称为《种艺书》或《农书草稿》。徐光启生前也没有来得及刻印，而是在他死后六年，由他的朋友陈子龙替他刊行的，并取名为《农政全书》。

《农政全书》共六十卷，十二门类，五十余万字。前三卷讲"农本"，记述了历代有关农业生产、农业政策的经史典故和诸家议论，是全书的绪论；接着的两卷是"田制"，叙述了古代土地制度，古代农学家关于田制的论述，徐光启本人对古代井田的见解和耕方式的讨论。接下来的内容涉及土地利用方式、各种耕作方法、农田水利、农具、农时、开垦、栽培等类别。其中的栽培一类，已论及树艺、蚕桑、畜牧、养鱼、养蜂等农业技艺，充分反映了明代农、林、牧、副、渔等多种经营的繁荣。最后一个门类是"荒政"，详细考察了历代救荒政策和措施，总结了我国古代劳动人民同自然灾害作斗争的经验。

在这十二门类中，最突出的是"水利""荒政"两门，前者九卷，后者十八卷，共二十七卷，占了全书内容的三分之一以上，可以看出作者的倾向和注意力所在。徐光启认为，通过兴修水利以增加农业生产，和救济灾荒以安定人民生活，是当时亟待解决的问题，所以把它们列为全书的重点。而《农政全书》的高明之处，在于书中很大一部分内容，超出了农业生产技术的范围，涉及到政策方针、财政经济、农田基本建设以及备荒、救荒等更加宏观的问题。

《农政全书》中的内容大部分来自征引古代农业文献。据统计，徐光启在书中引用的农业文献达到二百二十五种。因此，《农政全书》可以说是当时中国农业科学遗产的总汇，集中了中国古代农书的精华，许多已散失的文献赖以保存。这些丰富的农业科学资料是徐光启在几十年

间积累抄录下来的, 在此基础上又分门别类地进行整理、汇编。徐光启对劳动人民的实践经验也十分重视, 尽量吸取、采用"老农""老圃"的经验之谈。

徐光启的同乡好友陈子龙在《农政全书》的"凡例"中指出, 这部巨著"杂采众家, 兼出独见"。这确实抓住了这本书的一个重要特点。在《农政全书》中, 属于徐光启自己写作的内容, 大约只有六万多字, 只占全书的十分之一。但这些文字, 或是出于对当时农业科学先进经验的总结, 或是把他自己的研究成果, 用夹注、补充或评论的方式, 加在征引的古代文献中的欠缺之处。即使只有三言两语乃至一二千字，都足以丰富古代文献。经过他的修订、补充，我国古代农业文献转化成当时最先进的农业科学技术而重放异彩，充分反映出徐光启的独到之见。所以，《农政全书》既是古代农业文献的汇编，也是一部不朽的科学著作。

《农政全书》与以往农书的一个重要区别在于：以往农书重在生产技术，而徐光启是从"农政"，即国家政策的高

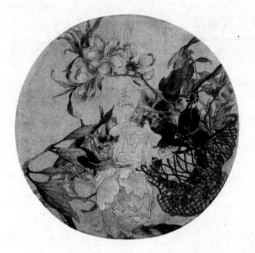

度，对农业生产的发展进行考察。为什么以"农政"命名呢？陈子龙解释说，是因为这部书包含了"富国化民"的根本问题。书前的序文中也指出写书的主要宗旨是从根本上寻求使国家富强的救世良方。确实，徐光启的根本着眼点在"农政"，寄希望于通过行政力量，发展农业，提高产量，改善人民生活，从而获得国防所需的物力与人力，实现富国强兵的目标。

关于农业生产的具体政策措施，在《农政全书》中主要包括开垦、水利、荒政三个内容。这三者，虽不直接属于农业生产技术，但对保证农业生产的顺利进行来说十分重要。徐光启认为，解决社会问题、发展生产、防患于未然是上策；提倡积蓄，反对浪费是中策；开仓救济是下策。他主张通过开垦荒地、兴修水利来发展农业生产；推行休养生息的政策以保护农业劳动者，从根本上解决问题。对开垦、水利、荒政等政策措施与农业的关系，在以前的农书中，还很少有人作过系统阐述。徐光启把这些"农政"集中而系统地提了出来，成了《农政全书》的又一重要特色。

与专啃书本、食古不化的书呆子不同，徐光启十分重视调查研究。他的儿子徐骥曾这样叙述其父躬亲科研的过程："考古证今，广谘博讯，遇一人辄问，至一地辄问，问则随问随笔，一事一物，不穷其极不已。"《农政全书》中许多精到的见解和经验，不能不说是徐光启精细科研、严谨态度的成果。值得一提的是，徐光启在《农政全书》的"荒政"一门中，记

录了度荒草木414种，相比李时珍的《本草纲目》的有关记录，增加了276种。这些草木，他大都亲自尝过，并注明"叶可食""根不可食"等字样。他还详细介绍了食用方法，还写明"本是胜要，尝过"或"尝过，难食"。这种神农尝百草的探索精神是令人钦佩的。

徐光启的《农政全书》在我国科学史上有着极高的学术价值，被认为是中国古代史上一部最完备的农学百科全书。有人把它与李时珍的《本草纲目》、宋应星的《天工开物》和徐霞客的《徐霞客游记》并称为明代"科学文化上的四大杰作"。我国著名科学家竺可桢先生称徐光启为我国"近代科学之先驱"，对其贡献作了充分肯定。《农政全书》对欧洲近代科学的发展也有促进作用。随后，英国重农学派代表人物奎奈从来华的传教士那里了解到徐光启的农业技术成就，并将之运用于欧洲农业科学，使中西农学交流发展达到了一个较高的水平。

五、词臣从戎，沙场点兵

正当徐光启致力于农业科学研究之时，明朝政局发生了很大变化。聚居在我国东北地区的女真族不断强大起来，万历四十四年（1616年），他们杰出的首领努尔哈赤建立了后金政权，并向南扩张。万历四十六年（1618年），后金攻占了明朝设在东北的重镇抚顺，接着又在广宁大破万余明军，明军生还者不到十分之一二。明朝朝野上下十分震惊，礼部官员何宗彦向朝廷推荐了徐光启，说他"素知兵略"，应急召回京商量防守事宜。

这样的评价对徐光启来说是当之无愧的。他曾大力宣传"富国必以本业，强国必以正兵"，"本业"即发展农业生产，"正兵"即组织装备精良的军队。在刚刚考入翰林院时，徐光启便写了《拟上安边御虏疏》，讨论北方边防问题，提出了一整套练兵筹饷和整顿边防军队的办法。他对明朝的边患十分关注，曾在给老师焦竑的信中说："我从小深为感愤倭寇的践踏，家乡涂炭，因而习读兵书。我感到国家现在的危难，甚于倭寇入犯之时。"虽然这时的徐光启患病在身，但一接到诏令，他就立刻赶回京城，参与对敌斗争。

但是，事态发展得比徐光启想象的还要糟糕。明朝的腐败已经到了非常严重的程度，和后金的战事频频失利。万历四十七年（1619年），明朝政府派出的辽东经略杨镐，帅四十万大军出关御敌，却几乎全军覆没。消息传到京城，平时喜欢夸夸其谈、倡言救国的大臣们居然万马起喑，无一人献出良策。这时的徐光启实在忍无可忍，不顾自己人微言轻，在三个月内，接连给皇帝上了三道奏折。一方面，他分析杨镐的失败是因为他根本不懂战略战术，四十万大军竟然分兵前进，削弱了自己的力量，给了敌人以可乘之机，另一方面，徐光启又提出了自己的合理建议，他主张：第一，要精求天下有勇有谋的战士，集中起来进行训练；第二，必须有专人制造精良的武器，配备给善战的武

士；第三，必须赏罚分明，号令整肃。这样的军队，必能赴汤蹈火，所向无敌。除此之外，他还提出联合朝鲜共同抵御后金的战略方案。

可惜，迎接徐光启的满腔爱国忧国之情的却是一盆冷水。昏庸的万历皇帝和他周围的大臣对他的奏折一概不理，拖延了几个月也没有批复。直到八月份，在一些正直朝臣的舆论压力下，朝廷才勉强下了一道旨令，命徐光启"训练新兵，防御都城"。

接到旨意后，不明真相的徐光启为自己历年主张的"强国必以正兵"的愿望即将实现而兴奋异常。刚刚上任的他就撰写了选兵练兵的具体规则，准备大干一场。他预计在一两年内练出一批精兵，三四年后彻底击溃金兵，巩固国防。

但徐光启没有想到，他的练兵之路充满荆棘，困难重重。练兵衙门成立一

个月来，从来无人过问，要兵无兵，要饷
没饷，连他的同事都看不下去，替他抱不
平。到了第二年年初，徐光启在给皇帝的
奏折中诉苦：无兵无饷，瞻前顾后，简直
无可奈何。他还把自己比作被捆绑着四足
的老牛病马，又被人不断敲击着头，一步
都迈不动。

万历四十八年（1620年）四月，徐光
启好不容易弄到一点银饷和兵械，便急
急忙忙奔赴通州、昌平，开始选练新
兵。虽然应征者很多，但大多数是贫
困农民，身无完衣，面有菜色。徐光启
亲自对他们逐一检查，一丝不苟，选出
了数千名新兵。

在几个月的练兵过程中，徐光启风餐
露宿，辛苦备至。他一遍又一遍地给新兵
讲授练兵规则，事必躬亲地做示范动作，
常常累得汗流浃背，头晕目眩，终于
练出了一支精悍的队伍。徐光启培
养的士兵中有三千多名后来被拉

到辽东作战。在与后金的战争中，唯有徐光启练的这支军队"足当一面"。人们由此感慨说，假如能由徐公主管当年军事，明朝打败后金、恢复辽东是完全可能的。

八月，万历皇帝驾崩，他的孙子朱由校继位，改元天启。这位少年天子整天嬉戏，朝政大权落在宦官魏忠贤的手中。这位历史上著名的奸臣专横跋扈，联合朝臣中的小人陷害贤良，无恶不作，把国家弄得乌烟瘴气。徐光启眼见朝政日益腐败，感到练兵无望，便托病辞官，回天津务农了。

这时，后金渐渐向明朝进逼。天启元年五月，后金军占领了沈阳，又向明军重兵把守的辽阳进攻。战斗中，明朝辽东经略袁应泰殉国，辽阳失守，后金军占领了辽东全境。明政府这才又想起了徐光启，于当年六月再三催促他回京。

徐光启又一次义无反顾地回京复职了。在同西方
传教士长期接
触中，深感到西洋火炮是
一种杀伤力很强的锐利武
器。他认为，要速胜后金，
必得从精良的武器入手，而西洋火
炮实为重要一环，便建议朝廷派能手仿
制西洋火炮。早在通州练兵时，徐光启就
曾委托自己的朋友李之藻到澳门购买西
洋火炮。李之藻凑了一笔钱，在澳门买了
四门火炮，还聘请了精通技术的欧洲人
和翻译。但不久徐光启就被迫辞职，练兵
中止，李之藻怕这些火炮落到其他官员手
中，不受重视，而变成废物，就暂时把火
炮存放在江西。这一次徐光启复职主持
练兵，李之藻便让自己的学生将这四门火
炮运回京城，还让学生写了一本《西洋火
攻图说》作为使用说明。

蹭踌满志的徐光启向朝廷提出了仿

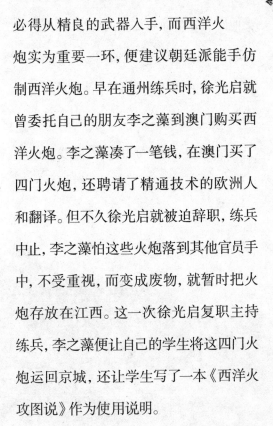

造火炮和建造炮台的计划，然而一些腐败守旧的官僚纷纷指责徐光启购买、仿制西洋火器是"开门揖盗""引狼入室"，群起诽谤、阻挠徐光启的计划，终于使之因缺乏经费而搁浅。加上皇帝昏庸，以魏忠贤为首的阉党把持朝政，徐光启不愿受他们的笼络而与之同流合污，便又一次辞职回到家乡上海。但值得一提的是，由澳门运来的四门火炮在对后金的战事中发挥了极大的威力。天启六年（1626年）宁远之战中，袁崇焕用运来前线的西洋火炮几次击退了后金军队，后金首领努

尔哈赤在炮火中受了重伤，旋即身亡，后
金也暂时停止了向明朝的进攻。这次激
战中，有一门西洋火炮立功最多，被封为
"安边靖虏镇国大将军"。

虽然励精图治的崇祯皇帝于天启七
年（1627年）继位，恢复了徐光启等正直
官员的官职，无奈明朝已是日薄西山，病
入膏肓，败亡之势无可挽回。徐光启计划
建立一支精锐的火器营，却因为将领孔有
德拥兵叛变归顺后金而宣告失败，他在
军事上的抱负与才能，终究未能得到施
展。

六、古稀老人，督修历法

崇祯二年五月初一（1629年6月21日）
这天，京城出现了日食。负责观测天象的
钦天监按旧的历法推算日食的时间，结
果却与实际相差甚大，误差超过半个小
时。在封建时代，日食被看成是国家兴衰
治乱的征兆，受到高度关注。崇祯皇帝因
为这次错误大为恼火，于是修改旧历的
任务便被提到日程上来。

其实天文历算在我国有悠久的历史，

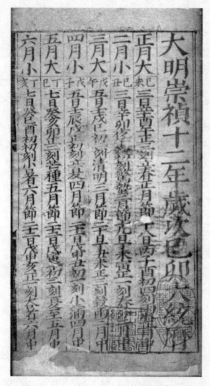

我国的历法也一直处在世界历法的先进行列。尤其是元代郭守敬所制的《授时历》，是当时世界上最精确的一部历法，比同时期流行在欧洲的《儒略历》准确得多。明代的《大统历》就是在《授时历》的基础上沿袭下来的。但是经过了三百多年，这部历法一直没有修订过，自然出现了不少差错。

而1582年的欧洲，已开始使用经科学家们修订过的新历——《格雷高里历》。这部历法吸收了很多科学成果，精密度很高，已超过了中国的历法。西方传教士来华时，也带来了一些关于天文历算的书籍，利玛窦等人在天文学上也很有造诣。徐光启在与他们的接触中，深深感到参照西方历法改革中国传统历法是十分必要的。这次修改旧历的任务便顺理成章地落在徐光启的肩上。

　　从崇祯二年（1629年）到崇祯六年
（1633年）徐光启病逝，他最后几年的心
血全部投在了历法的修订上。尽管已是
近七十高龄的老人，但徐光启依旧保持
着一丝不苟的工作精神和极端负责
的工作态度。奉旨开设修历局之后，
讲求实效的徐光启订立了修历的
方针：用人必须是务实的，制造的器
具必求能够实用，经费决不虚报
冒领，时间不可虚度。修历局缺
乏天文历法方面的
人才，徐光启还大
胆地用招聘的方
法从社会上募集了一些有真才实学的人
才。他要求修历局的工作人员要具备"基
本五目"的才干，即"法原""法数""法
算""法器""会通"。"法原"指对天文
学基础理论的了解，"法数"指了解天
文数据，"法算"指能用数学解决天文

上的问题，"法器"指了解天文器材的性能和使用，"会通"则指能把中国传统天文学和西洋天文学融会贯通。徐光启规定，以上各项能精通一项者，就可每月发给禄米一石，银一两八钱，兼通数项的可酌量增加，但怠工者要给予惩罚。由于赏罚分明，用人得当，人尽其才，修历工作进展得很顺利。

崇祯修历工作，是继翻译《几何原本》后，中西科学家的又一次重要合作。徐光启的修历局集中了一些西方传教士中对天文学有高深研究的学者。他邀请了澳门的西方传教士邓玉函和龙华民来

京协助修历。二人帮助徐光启翻译了一批西洋天文理论著作，并指导年轻的中国实习生编制各种

天文用表，还教授工匠们制造出探测天体的大型仪器。在邓玉函病逝之后，徐光启又推荐了两名年轻的西方学者来到修历局，他们就是汤若望和罗雅谷，汤若望后来在清朝也发挥了促进中西交流的作用。

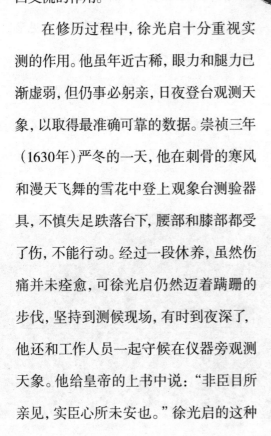

在修历过程中，徐光启十分重视实测的作用。他虽年近古稀，眼力和腿力已渐虚弱，但仍事必躬亲，日夜登台观测天象，以取得最准确可靠的数据。崇祯三年（1630年）严冬的一天，他在刺骨的寒风和漫天飞舞的雪花中登上观象台测验器具，不慎失足跌落台下，腰部和膝部都受了伤，不能行动。经过一段休养，虽然伤痛并未痊愈，可徐光启仍然迈着蹒跚的步伐，坚持到测候现场，有时到夜深了，他还和工作人员一起守候在仪器旁观测天象。他给皇帝的上书中说："非臣目所亲见，实臣心所未安也。"徐光启的这种认真负责的工作态度,让身边人感动不已。明末学者、文学家张溥记述了徐光启对科学研究"老而弥笃,孜孜不倦"的感人情景。他在《农政全书》的序文中写道:"我出生已晚,但在崇祯四年春天,还是有幸获得了我的老师徐文定公的指教。当时我听说老师正在研究西方历学,就约了同学徐退谷一起前去请教。只见老师端坐在斗室之中,奋笔疾书。一丈见方的卧室内,只在床上铺了一条粗棉布的被子,连帐子都没有挂,这哪里像朝廷大臣的住处啊!居住条件之简陋,与贫寒的知识分子有什么区别呢?老师勤奋好学,冬

天不烤火炉，夏天不用扇子，分秒必争，专心致志于治学。当年我亲眼看到老师仔细推算纬度，然后把计算结果用蝇头小楷，端端正正地记录下来，每天工作到半夜，方肯罢休。"徐光启对待科学研究的这种勤奋、刻苦和极端认真的精神，怎能不令人肃然起敬？

精密的天象观测资料，是推算准确的历法的基础；而对天象的观察，又必须借助于各种仪器，其中尤以天文望远镜为最。1608年，荷兰眼镜匠利伯休首次发明望远镜。第二年，意大利科学家伽利略在此基础上发明了天文望远镜。当徐光

启通过西方传教士了解到这一科学新发明后，立刻带人仿制，并把制成品命名为"窥筒眼镜"。经验证，这种天文望远镜完全合格，能很清楚地观测到日月食的变化情况，比传统的肉眼观察或水盆映像法强得多。此时距西方初创望远镜仅二十年，可见徐光启吸收外来先进科学文明思路之敏锐。徐光启是我国第一个制造望远镜并应用于天文观测的人，这个功劳是不可磨灭的。

徐光启在修历过程中设立"官学生"制度。这些官学生又称为"博士"和"天文生"，是通过当助手而成长起来的实习生。徐光启还聘请了一些年轻老师为官学生讲课。徐光启在临终前，将这些后辈的名字一一列给皇帝，指出他们在制造仪器、测算、编历等工作上的功劳，为他们请赏。这些年轻的讲师和实习的官学生是一批懂得新历法的后备人才，为此后中国推广西方天文学知识开辟了道路，这是徐光启在我国天文学发展史上的又一贡献。

应该看到，这次修历的过程并不是一帆风顺的，其中存在着新旧两种思想的较量。有一位名叫冷守中的四川老秀才，头脑保守僵化，不相信西洋先进的历法思想，反对徐光启参照西法改历。他用迷信理论制订出一套历法，送到修历局，非说自己的才是最准确的历书，他还指责徐光启用西法修正《大统历》是违反祖宗、大逆不道的举动。徐光启对固执己见的冷守中没有采取压制的办法，而是据实说理，以理服人。他编写了一本题为《历学小辩》的小册子，指出冷守中所依据的方法不过是神秘的数学游戏，并无科学依据。冷守中仍然不服，徐光启便和他约定，两人一同推算崇祯四年四月十五日四川见日食的时刻。如果冷守中算对了而徐光启错了，那就证明冷的方法有理而徐的方法有误；如果冷守中算错了而徐光启算对了，那就该由冷守中认输。到实测的结果出来，冷守中果然错了，误差很大，而徐光启的推算准确无误，冷守中心服口服，收起了他那套理论。还有一位在当时较有名望的天文学家魏文魁，也极力反对徐光启的新法，并给修历局送来两套他自己按旧法编成的历书，要求朝廷使用。徐光启翻阅了他的历书，发现他的推算方法很陈旧，有很多谬误，就建议魏文魁再重新研究一次，同时表示对他"苦心历学"的敬佩，希望他能与自己合作。魏文魁不但不虚心吸取徐光启的意见，反而强词夺理地反驳徐光启，竭力阻挠徐光启对历法的改革。由于这些人的干扰，徐光启改修的《崇祯历法》在他去世后若干年才得以完稿。

崇祯五年（1632年）六月，徐光启被皇帝任命为礼部尚书，兼东阁大学士。东阁大学士是政府首辅，相当于宰相。当时人们把官员进入某阁当大学士叫做"入阁"，认为是相当值得羡慕的事。但徐光启对此安之若素，丝毫没有骄矜之情，而是依旧孜孜不倦地编撰他的大型历书。到崇祯六年（1633年）十月底，这部大型历书基本完成，徐光启感到自己已年过七十，精力衰退，而且入阁后事务繁重，恐怕没有太多精力照顾修历局的事，便向皇帝推荐一位可靠的接班人代替自己在修历局的工作。经过慎重考虑，徐光启向皇帝推荐了当时在山东任职的李天经，并在奏折中称赞李天经知识渊博，沉稳可靠，兼通天文数理，足以担任修历局的负责工作。

在递上奏折八天之后，徐光启病逝于京城。他生前主持修订的历

书由李天经最后整理,定为四十五种一百三十七卷。这一套包括天文历法诸方面内容的大型历书,因为在崇祯年间修成,故命名为《崇祯历书》,并分五次向皇帝进呈审阅。但因为守旧派魏文魁等人的百般刁难,这部历书在当时并未得以颁布天下使用。后来,明朝被李自成所灭,这部历书就更顾不上刻印了。直到清朝入关之后的顺治三年(1645年),由投顺清朝的传教士汤若望在原书的基础上重新编制,由清朝公布施行,就成为当时称为《时宪书》的新历书,大体上仍是徐光启的科学成果。

科学家们认为,由徐光启主持编订的《崇祯历书》,是我国近三百年来天文历法科学发展的基础,它结束了郭守敬之后我国天文学近三百年的停滞落后状态,复兴了我国的天文学,而且培养了一大批天文学人才，为清朝天文学的发展储备了人才。

具体来说，《崇祯历书》的科学成就大致包括以下几个方面：第一，这次历法的修订采用了不少西方数学的新成就，把几何学的计算系统引入天文历法的运算，这里包括欧洲人第谷的天文观测数据——他被欧洲人称为"天文学之父"，这是当时人们所使用的最为精确的天文数据。第二，引进了西方先进的天文和地学科学观念。《崇祯历书》引进了"地球"的概念，认为地是圆球形的，而且确立了地理经纬度的概念，这使计算日食、月食的准确度比用旧法前进了一大步。第三，历书开始采用欧洲通行的度量单位，把周天分为360度，一日分为24小时96刻，并采用60进位制。这使东西方在立法运算上逐步靠拢，便于交流与发展。此外，《崇祯历书》还引进了西方历法的蒙气差校正和黄道坐标系统等，使这部历书在科学方法上向前跨了一大步。总的来说，《崇祯历书》的修订对中国天文学来说是一场深刻的变革，使中国古典式的天文学走上了与世界天文学同步发展的道路。

在修订历法的同时，徐光启还进行过其他一些很有价值的科学活动。崇祯二年（1629年），他主持了一次天文大地测量，这次测量的规模比唐代一行、元代郭守敬主持的测量规模要小一些，但这是一次引用西方先进科学测量方法的实测，这就使它具有了特殊的意义。此外，徐光启还在当时的条件下，主持绘制了一份最完备的星表和星图，后来称为"徐光启星图"，这是我国目前所见的最早包含南极天区在内的大型全天星图。徐光启还主持制造了多种仪器，包括当时最流行的望远镜、自鸣钟等，这些都是他对我国科学发展作出的杰出贡献！

七、一代宗师，风范长存

　　徐光启入阁为相的时间非常短暂，仅一年零几个月，其中还有好几个月身处病中。这一年多，徐光启也曾一度有过大展雄图的想法。比如崇祯六年（1633年）初的一天，崇祯皇帝和他说起准备让他以首相的名义到前线巡边，指挥战斗。他从朝中归来后喜形于色，一夜都没睡好，希望能在北边疆场大显身手。但是，在为相的大部分时间里，徐光启的内心是痛

苦的，常常吟诵"一人计不用，万里空萧条"的唐人诗句以自遣。此时朝中一批奸臣当道，对他处处掣肘，许多朝臣又都只求自保，不愿为国分忧，自己的正确主张反而得不到施行，国势日见衰败。另一方面，他的同道好友又一个个先他而去，使徐光启倍感寂寞，因此，他的阁老生涯在政治上经常是消沉的。

崇祯六年（1633年）三月，年已72岁的徐光启多年的脾胃宿疾突然加重，接连数天不能进食，一吃就呕吐，浑身疼痛，严重时还会昏厥。这使他深感自己的健康状况已无法坚持工作，就向皇帝请病假在家调理，一直到四月才回阁视事。

这年十月，徐光启感到自己实在是病体难支，又一次上疏乞休。在生命的最后关头，徐光启仍坚持工作，尽力整理历书的最后书稿。十月三十一日，徐光启向皇帝上疏，预报第二年三月十四日将出现月食，详细禀报了月食的时间和起复方位，还详细汇报了历书的编写进展情况。十一

月七日，徐光启自感病情更加严重，写信让儿子徐骥速来京城，又上疏给皇帝，保举了修历有功人员，恳请皇帝给予奖赏。他特别提到了传教士罗雅谷和汤若望，希望皇帝给予嘉赏，并赐给他们田宅，使他们有足够的经济能力能安心地为明政府工作。徐光启上疏向崇祯皇帝报账，交代了修历的花费和物资的账目结算情况。他又告诫在身边侍奉他的孙子徐尔爵，让孙子尽快抄录《农政全书》，以便向皇帝进呈，完成自己的志向。徐光启的儿子徐骥追记父亲的临终遗言时说，父亲"临没了了，只以国家多故为念，一语不及于私"。就在这一天，崇祯六年十月初七（1633年11月8日），徐光启带着未完成的心愿和对国事的满腹忧虑，溘然长逝。

徐光启去世的消息很快传到宫内，崇祯皇帝对这位肱骨老臣的离去深感悲痛，宣布辍朝三天以示哀悼，追赠徐光启

为"少保",赠谥号为"文定"。朝野上下，许多人见到讣告，都失声痛哭。徐光启逝世后，人们清理他的遗物，发现在他简陋的斗室里，仅有一只陈旧的木箱。打开箱子一看，里面有几件破旧的衣服和一两银子，此外，便是大量的著作手稿。徐光启的床上放着一只冬天用来取暖的汤壶子，年头长久，已经有了渗漏，以致破旧不堪的棉被漏下一个破洞。大臣们不禁感慨："古来辅政大臣，廉洁如此，只有徐公，别人谁也比不上！"有些正义的大臣将徐光启"盖棺之日，囊无余资"的生活境况向崇祯皇帝作了汇报，请求朝廷给予其优厚的抚恤，以使那些贪污受贿者闻之惭愧。崇祯皇帝当即派内官赏赐给徐家办丧事所用物品及治丧银两等，又特派礼部尚书李康主持丧礼，并设专人护丧回到上海。

崇祯七年（1634年）年初，徐光启的儿子徐骥扶枢南归，将父亲的灵枢暂厝于上海县城南门外的双园别墅。到了崇祯十四年（1641年），家人将徐光启安葬于上海县城西门外十余里的土山湾西北，即现在徐家汇的徐光启墓地。因为徐光启曾做过明朝的"阁老"，所以他的墓又称为"阁老坟"。墓前有石人石马、华表牌坊。光绪二十九年（1903年），徐光启墓重加修葺，焕然一新。墓前石坊上的匾额曰"文武元勋"；两边的对联是："治历明农百世师，经天纬地；出将入相一个臣，奋武揆文。"

这副对联实在是对徐光启一生事业的恰如其分的概括。徐光启是明代后期"实学"思潮的倡导者。他旗帜鲜明地提倡经世致用，开一代风气之先。在反对王阳明心学的"空疏"，主张回到"经世致用"的朴学方面，徐光启可以说是先行者。顾炎武、黄宗羲、王夫之等明末著名思想家主张经世致用，常被人们称道，但开风气之先的还是徐光启。从明末复社的张溥、陈子龙到明清之际的一些启蒙思想家的进步思想中，我们可以清楚地看到徐光启对他们不同程度的影响。徐光启提倡实学，提倡经世致用，积极介绍西方科学知识，在扭转明末的"空疏"文风和学风方面，有不可磨灭的贡献。

徐光启是明代中国向西方追求科学和真理的先行者，是明末沟通中西方文化交流的第一个重要人物。他生活的时代，是东西方科学文化发展竞赛的重要时刻。徐光启第一个意识到中国在科学技术的许多方面已经落后，他面对西方的挑战，响亮地提出了学习西方、赶超西方的主张，在宣传和介绍西方先进科学技术方面，徐光启有披荆斩棘的开创之功。徐光启忧国忧民、改变祖国积贫积弱面貌的强烈愿望，驱使他坚持不懈，刻意追求。他好学不倦，即使身任宰辅，年逾古稀，仍然"目不停览，手不停笔"。为了中华民族的兴盛，为了科学文化的发展，徐光启毫无保留地贡献了自己的一生，成为那个时代的杰出人物。

对于西方传教士，徐光启看重的是他们有"种种有用之学"。由于时代的局限，徐光启对西方殖民主义者的本质还不可能有深刻认识。但他在竭尽全力宣传西方科学技术的同时，还保持着对西方殖民主义者入侵的应有警惕。当荷兰人侵占台湾，久留不去，继而又想占据澎湖列岛等地时，徐光启深以为忧，认为西方殖民主义者的入侵，才是对朝廷统治真正的威胁。这种认识是很有见地的。

徐光启不仅忠于国事，勤于钻研，在日

常处事中，他也表现出高尚的人格。徐光启是一个孝子，对待父亲徐思诚一直很体贴孝顺。他从小就跟随父亲劳动，帮助父亲料理瓜田、菜地、果园的农活。自己考中进士留在翰林院后，就把老父亲接到京城的宅邸中同住，"备极孝养"，早晚请安，冬冷夏热时分照顾周到，老父亲生活所需，不等提出要求早就预先备好，使父亲在生活上尽可能的舒适满意。徐光启对早逝的祖母、母亲同样极具孝心，一直很怀念她们，后来，他为自己的祖父、祖母、父亲、母亲各写了一份传记，以示追念。徐光启不仅是个温和的丈夫也是位慈爱的父亲，但他对自己和家人在生活上的要求很严格。有一次，11岁的独生子徐骥从一家富民门口走过，看到这家人非常吝啬，居然以麦屑煮粥。徐骥回家后向父亲谈到此事，拍掌大笑，嘲讽他们太寒酸。徐光启见儿子以口

腹之欲讥笑他人，很是
愤怒，痛斥儿子，
自己还为之停食。
儿子很惶恐，赶紧认
错，还找来亲戚说情
让父亲息怒。从此，徐骥
再也不敢放肆讥笑别人
了。徐光启当上翰林后，有
一年过年那天早起，发现丢
了一只袜带，他没声张，随便找了一根破
布条系上。过了一个多月，夫人吴氏方才
发现，便笑着对徐光启说："都是当了翰
林的人了，再穷也不能连一条袜带也买不
起啊，外人不知情者必然以为你故意矫
饰。"徐光启对夫人说："凡事无大小，都
不可能没有缺陷，这样才符合天意。我
如今穿得很好，冷热各有所防，只有这一
袜带算是一处不当。我以为这正是自得
其乐，怎么能说是矫饰呢？"徐光启在京
城时，还常常写信给上海的亲属，告诉他

们绝不可因为他在京城当了大官，就在家乡为非作歹，"约束家人及亲戚，不可多事。以前受亏处，也不必称说报复等语，但以安静为生"。

徐光启对朋友从来都是满腔热忱，尤其对受难的亲友，常常以关怀为主，比往常更显亲密，必要时还仗义执言。焦竑是他的知心导师，但后来官运不佳，一直受到恶人排挤。但不论遇到什么情况，徐光启始终都把焦竑当做可敬的长辈看待，决不因政治上的一时浮沉而与之疏远。徐光启的一位姑父俞显卿，比他早中进士，曾官至兵部郎中，但后来为权臣陷害，罢职回乡。徐光启对他一直保持敬意，在为他写的《俞子如先生像赞》中称赞他："贞心劲气，独留天地之间。"万历四十四年（1616年），由于保守派的诬陷，朝廷兴起"南京教案"，一批西洋传教士受到迫害，有的受到严刑拷打，有的被驱逐出境。徐光启这时挺身而出，仗义执言，为传教士们辩白，向朝廷担保，这些传教士绝不是歹徒。他还救援了一批传教士，让他们躲到上海自己的家中避难。诸如此类好义之事，使徐光启在亲友中的威望越来越高，也日益受到知识界的尊重，大家都认为他是一位长者。

后人为了纪念徐光启，在他的故乡上海修建了许多以他命名的建筑物。人们把徐光启当年住宅旁的一条马路叫做"光启路"，把他住宅的一部分建成徐光启的住宅遗址和徐光启祠。祠的东厅是家族宗祠，纪念徐氏列祖列宗，西厅是纪念徐光启的专祠，门匾上有"明相国徐文定公祠"的字样。祠内有徐光启的塑像，还有皇帝赐予的"王佐儒宗"的匾额。"王佐"是指他曾位至宰辅，是皇帝的辅佐；"儒宗"是指他的学术地位，是天下儒生的宗师。1983年,上海市人民政府在他逝世350周年时,重新修葺了徐光启墓,并在墓前树立了徐光启雕像。1984年,上海市把位于徐光启墓地的南丹公园改名为光启公园,供国内外人士凭吊。徐家的名为"后乐堂"的农庄别墅,在崇祯年间曾悬挂过皇帝钦赐的"儒宗人表""文武元勋"两块匾额,早在清朝时就建为天主教堂,这就是如今耸立在上海市西南角的著名的徐家汇天主教堂。

徐光启生前,写有一首题为《题岁

寒松柏图》的诗。在诗中，他把桃花与松柏作了对比：桃花艳丽，然而"天风吹严寒，零落一朝空"；而"郁郁松与柏，贞心独凌冬"。坚贞的松柏，几经风霜严寒，却是："黛色欲参天，幹石枯青铜。幽志自畴昔，持此谐清风。"这正是徐光启高尚品格的生动写照。

一代宗师，风范长存。徐光启这样一位在中国历史上起过进步作用的爱国大科学家，将会永远为人民尊敬和纪念！